Kunterbunte Kuchenparade

Backhits für Kids

Autorin: Bärbel Schermer | Fotos: Michael Brauner

Inhalt

Die Theorie

Die Rezepte

Extra

Ich kann mich noch genau erinnern ...

... an den Tag, an dem meine Mutter mir ein gebackenes Hufeisen präsentierte: Sie war sehr stolz, dass sie ihre kleine Reiterin damit überraschen konnte – und ich war überglücklich. Kinder lieben gebackene Kunstwerke, deswegen macht es auch so viel Freude, für sie zu backen. Dabei darf man nach Herzenslust kreativ sein: ob pfiffiges Kleingebäck, aufgepeppte Alltagskuchen oder witzige Motivtorte – hier ist Ihre Phantasie gefragt. Manche Kuchen lassen sich blitzschnell zaubern, für andere nutzen Sie gelegentliche Mußestunden. Probieren Sie es doch einfach mal aus – viel Spaß ist garantiert mit Amerikanern, Prinzessinnentorte & Co.

Schnelle Grundteige

Rührteig
Für 1 Backblech

225 g weiche Butter | 180 g Zucker
5 Eier | 1 Msp. abgeriebene unbehandelte Zitronenschale
350 g Mehl | 1 Päckchen Backpulver | 2 EL Milch

Die Butter cremig rühren. Dann abwechselnd Zucker und Eier unterrühren, bis eine homogene Schaummasse entstanden ist. Die Zitronenschale unterrühren.
Etwa die Hälfte des Mehls unter die Schaummasse rühren. Das restliche Mehl mit dem Backpulver vermischen und zusammen mit der Milch unterrühren.

So gelingt's: Butter, Eier und Milch sollen Zimmertemperatur haben, sonst gerinnt die Schaummasse. Den Teig nicht stehen lassen, sondern sofort bei 200° (Mitte, Umluft 180°) 25–30 Min. im vorgeheizten Backofen backen.

Biskuit
Für 1 Rundkuchen (24 cm Ø)

2 Eier | 60 g feinster Zucker
60 g Mehl | 1 TL Speisestärke

Die Eier trennen. Die Eiweiße zu steifem Schnee schlagen. Die Eigelbe mit 1 EL heißem Wasser schaumig aufschlagen und dabei nach und nach den Zucker einrieseln lassen.
Das Mehl mit der Speisestärke mischen, sieben und unter die Eigelbmasse heben.
Den Eischnee mit einem Schneebesen behutsam unter die Eigelb-Mehl-Mischung ziehen.

So gelingt's: Die Eier vorsichtig trennen, denn Eigelbspuren im Eiweiß verhindern, dass der Eischnee richtig steif wird. Die Masse sofort in die Form geben, glatt streichen und bei 200° (Mitte, Umluft 180°) 15 Min. im vorgeheizten Backofen backen.

Quark-Öl-Teig
Für 1 Backblech

350 g Mehl | 1 Prise Salz
3/4 Päckchen Backpulver
200 g Quark | 5 EL Öl
4 EL Zucker | 1 Ei | 4 EL Milch

Das Mehl mit Salz und Backpulver gründlich vermischen.
Quark, Öl, Zucker, Ei und Milch dazugeben und alles mit den Knethaken des Rührgeräts gründlich verkneten. Der Teig soll sich vom Schüsselrand lösen. Ist er zu klebrig, noch etwas Mehl zugeben.

So gelingt's: Ein sehr einfach herzustellender Teig, der gelegentlich etwas zu klebrig wird. Geben Sie nicht gleich die ganze Milchmenge dazu, dann lässt sich die Teigkonsistenz leichter steuern.
Den Quark-Öl-Teig beliebig belegen und im vorgeheizten Backofen bei 200° (Mitte, Umluft 180°) 15–20 Min. backen.

Grundmassen zum Dekorieren

Helle Dekormasse

Ergibt etwa 1 kg

5 TL gemahlene Gelatine
1/8 l Glukosesirup (s. Seite 65 oder Konditor) | 1 EL Glyzerin (s. Seite 65 oder Apotheke)
1 kg Puderzucker

Die Gelatine in 3 EL kaltes Wasser rühren, 5 Min. quellen lassen und im heißen Wasserbad auflösen. Glukosesirup und Glyzerin unterrühren, bis alles geschmolzen ist. Die Masse leicht abkühlen lassen. 900 g Puderzucker sieben, den Gelatinesirup unterrühren und die Masse zu einem »Teig« kneten. Die Arbeitsfläche mit Puderzucker bestauben und den Glukoseteig darauf geschmeidig kneten. Eventuell noch Puderzucker hinzufügen.

Lagerung: Die Dekormasse luftdicht verpacken und kühl aufbewahren (nicht im Kühlschrank!). Sie hält etwa 1 Woche.

Schokomasse (Canache)

Ergibt 350 g

175 g Zartbitterschokolade
175 g Sahne

Die Schokolade fein hacken. Die Sahne erwärmen (nicht kochen!) und die Schokolade darin unter Rühren schmelzen. Die Masse auskühlen lassen, bis sie am Stiel eines Holzlöffels eine dick-cremige Schicht bildet.
Die Schokoladen-Sahne-Mischung mit dem Schneebesen oder dem Handrührgerät leicht schlagen, bis sie so dickflüssig ist, dass sie sich mit der Palette oder dem Spritzbeutel verarbeiten lässt.
Die Masse reicht zum Überziehen eines Rundkuchens (24–28 cm Ø).

Lagerung: Canache hält sich im Kühlschrank einige Tage. Zum Verarbeiten über dem Wasserbad leicht erwärmen. Canache eignet sich nicht zum Tiefkühlen.

Leichte Buttercreme

Ergibt etwa 500 g

1/4 l Milch | 1 EL Zucker
1/2 Päckchen Vanille- oder Schokoladen-Puddingpulver
200 g Butter | 100 g Puderzucker

Aus Milch, Zucker und Puddingpulver nach Packungsangabe einen Pudding kochen. Abkühlen lassen und dabei gelegentlich umrühren, damit keine Haut entsteht.
Die Butter cremig rühren und Puderzucker und Pudding abwechselnd löffelweise unterrühren, bis eine homogene Masse entsteht.
Buttercreme eignet sich als »Kleber« für Dekoelemente oder zum Umhüllen ganzer Kuchen. Dafür die Creme glatt aufstreichen und im Kühlschrank fest werden lassen.
Die Masse reicht zum Überziehen eines Rundkuchens (24–28 cm Ø).

Lagerung: Buttercreme hält sich im Kühlschrank einige Tage.

Leicht & vollwertig

Kinder naschen gerne. Wer jedoch ein paar Tricks kennt, kann den lieben Kleinen das Naschen auf etwas gesündere Art versüßen.

1 | Honig & Co.

Raffinierter Haushaltszucker lässt sich in den meisten Rezepten durch Honig oder Zuckerrübensirup ersetzen. Nehmen Sie dann aber maximal 2/3 der angegebenen Menge, sonst wird der Teig zu flüssig und zu süß.
Wer mit Zucker vollwertig backen möchte, ersetzt ihn durch Roh-Rohrzucker, der noch einige Vitalstoffe (z. B. Mineralstoffe) enthält.

1 *Je höher die Typenzahl, desto mehr Ballaststoffe enthält das Mehl.*

2 | Schon wieder Weißmehl?

Das muss nicht sein: Fast alle Teige lassen sich auch als Vollkornmehl-Varianten zubereiten. Besonders in dunklen Teigen ist der Unterschied kaum zu erkennen, so dass man hier auch den Kindern etwas Gesünderes unterjubeln kann, die das sonst ablehnen. Vollkornkuchen werden meist etwas trockener, da Vollkornmehl noch aufquillt und dabei Flüssigkeit aufsaugt. Deshalb sollte man mindestens 1 EL Mehl weniger nehmen. Oder am besten nur die halbe Mehlmenge durch Vollkornmehl ersetzen, dann merkt's keiner!

➤ **Wichtig:** Bei Vollkornteigen auf die richtige Teigkonsistenz achten.

3 | Fett einsparen

Wollen Sie (Fett-)Kalorien sparen? Dann reduzieren Sie einfach die Fettmenge im Teig um bis zu 30 Prozent. Einziger Nachteil: Das Gebäck wird nicht ganz so saftig wie mit der vollen Fettmenge, und es trocknet schneller aus.

2 *Backformen mit flüssiger Butter auspinseln – das spart Fett.*

Auch bei den sonstigen Zutaten können Sie die Rezepte bei Bedarf etwas verschlanken: Statt Sahnequark nehmen Sie Topfen oder Quark (20 %), Crème fraîche können Sie durch Crème légère ersetzen. Bedenken Sie dabei jedoch, dass Fett ein Geschmacksträger ist …

4 | Triebmittel

Teige brauchen fast immer Triebmittel: In der Vollwertküche kommen neben Eiern als Triebmittel Hefe und Hirschhornsalz in Frage. Außerdem wird Weinstein-Backpulver verwendet. Das ist im Gegensatz zu herkömmlichem Backpulver phosphatfrei und wird aus natürlicher Weinsäure gewonnen.

Kunterbunte Deko-Vielfalt

Zuckerperlen, -streusel & Co.:
In vielen Farben und Größen erhältlich; zum flächigen Aufstreuen oder Aufkleben auf Guss und Glasuren, größere Zuckerperlen auch für gezielte Einzeldekoration auf Kuchen und Törtchen.
Nicht geeignet für alle feuchten Kuchenoberflächen (z. B. Sahnetorten), da sich die farbige Zuckerhülle auflöst und den Untergrund verfärbt.

Einkauf und Lagerung:
Gibt es im Lebensmittel- und Süßwarenhandel. Zucker-Deko unbedingt trocken lagern.

Zucker- und Marzipanmotive:
Gibt es meist stückweise zu kaufen. Sie eignen sich für Einzeldekorationen auf Kuchen, Torten & Co. Die Figuren bestehen aus einer speziellen Modellierpaste auf Eiweiß- und Zuckerbasis oder aus Marzipan. Sie sind meist mit Lebensmittelfarben gefärbt oder bemalt.

Einkauf und Lagerung:
Im Lebensmittel- und Süßwarenhandel erhältlich. Trocken und einzeln verpackt lagern, da sie stoßempfindlich sind und leicht brechen.

Fruchtgummis:
Es gibt sie in vielen Farben und Formen (z. B. Mäuse, Buchstaben, Tiere, Phantasie-Figuren). Teilweise sogar in Bio-Qualität, also ohne tierische Zutaten (z. B. Gelatine) und nur mit natürlichen Aromen. Auch in Form von Fruchtgummischnüren, Lakritzstangen sowie als Schaumkonfekt (z. B. Herzen, Mäuse, Pilze) erhältlich.

Einkauf und Lagerung:
Aus dem Lebensmittel- und Süßwarenhandel. Trocken, luftdicht verpackt und nicht zu lange lagern, sie werden sonst hart und zäh.

Lebensmittelfarben, Zuckerschrift & Co.:
Künstlich hergestellte Lebensmittelfarben (flüssig oder als Pulver) dienen zum Färben von Massen und zum Bemalen von Oberflächen. Mit Zuckerschrift aus der Tube kann man feinste Linien ziehen. Fruchtpürees, Fruchtsirups (Himbeer, Mango, Kirsch) und Kakao eignen sich zum Färben von Massen.

Einkauf und Lagerung:
Gibt es im Lebensmittelhandel sowie in Spezialgeschäften für Bäckereibedarf (s. Seite 65). Kühl und trocken lagern und vor Sonne schützen.

Glanzstücke: Schoko pur

Kuvertüre schmelzen

Egal, welche Farbe Kuvertüre hat, die Verarbeitung ist stets gleich: Die Kuvertüre hacken und die Hälfte davon im heißen Wasserbad unter Rühren schmelzen, dabei nicht über 40° erwärmen (Temperatur mit einem Küchenthermometer überprüfen)! Vom Wasserbad nehmen, die restliche Kuvertüre hinzufügen und unter Rühren auflösen. Temperatur messen und eventuell wieder auf Verarbeitungstemperatur (32°) erwärmen.

Gießen oder streichen

Geschmolzene Kuvertüre lässt sich über den Kuchen gießen oder mit der Palette oder dem Pinsel aufstreichen. Deko-Elemente können Sie mit geschmolzener Kuvertüre aufspritzen und erstarren lassen.

Fettglasuren

Da sie mehr Fett und weniger Kakao enthalten, lassen sie sich einfach schmelzen, auch bei höheren Temperaturen. Fettglasuren schmecken allerdings nicht so »schokoladig«.

TIPPS

Neuer Glanz

Ist die Kuvertüre zu heiß geworden, verliert sie beim Trocknen ihren Glanz und bildet auf der Oberfläche Schlieren. Lassen Sie sie abkühlen und erwärmen Sie sie nochmal ganz sanft. Achten Sie auch darauf, dass das Gebäck nicht zu kalt oder zu heiß ist: 20–27° sind ideal.

1 *Röllchen: Geschmolzene Kuvertüre dünn auf eine glatte Fläche streichen und fast erstarren lassen. Mit einem Spachtel Röllchen abschaben.*

2 *Blüten, Ornamente, Zäune: Aus geschmolzener Kuvertüre mit einem Papiertütchen Muster auf Backpapier spritzen. Erstarren lassen, vorsichtig abziehen.*

3 *Fragile Blätter: Kleine Blätter (z. B. von Efeu, Rose oder Lorbeer) waschen und trockentupfen. Kuvertüre aufpinseln, erstarren lassen. Blätter vorsichtig abziehen.*

Überziehen & Dekorieren

Dekormasse:

➤ **Einfärben:** Lebensmittelfarbe auf die Grundmasse (s. Seite 5) tropfen und so lange verkneten, bis sie gleichmäßig verteilt ist. Sie können die Masse auch ungefärbt verarbeiten und zum Schluss mit Lebensmittelfarbe bemalen.

➤ **Kuchen verzieren:** Der Kuchen darf an der Oberfläche nicht zu trocken sein, sonst haftet die Dekormasse nicht. Den Kuchen daher am besten mit heißer Aprikosenmarmelade bestreichen oder mit Marzipan überziehen. Dekormasse auf der mit Puderzucker bestäubten Arbeitsfläche 3–5 mm dünn ausrollen und auf den Kuchen legen. Die Hände mit Puderzucker bestäuben, um Falten zu glätten. Beim Glätten können Sie mit Palette, Teigkarte oder Teigrolle nachhelfen. Überstehende Masse abschneiden, Luftblasen mit einer Nadel aufstechen.

➤ **Trocknen:** Dekormasse sollte mindestens 12 Stunden trocknen (nicht im Kühlschrank), bevor man weitere Dekorationen aufbringt.

Eiweißglasur:

Zubereitung: 1 frisches Eiweiß halb steif schlagen und 225 g Puderzucker unterrühren. Die Masse soll Spitzen ziehen, wenn Sie den Schneebesen herausnehmen. Die Eiweißmasse nach Belieben mit Lebensmittelfarbe einfärben. Dabei die flüssige Farbe nur in Tropfen zugeben, da sie die Eiweißmasse sehr intensiv färbt.

➤ **Kuchen verzieren:** Glasur mit einer Palette auf den Kuchen streichen oder mit einem Spritzbeutel aufspritzen. Mit der Glasur können Sie auch Figuren und Ornamente spritzen: Zeichnen Sie die Form mit Bleistift auf Backpapier vor, drehen Sie das Papier um und spritzen Sie sie mit kleinen Spritztüllen oder Papiertütchen nach. Feinste Konturen können Sie zum Schluss mit dem Pinsel aufmalen.

➤ **Trocknen:** Figuren 24 Std. trocknen lassen, bevor Sie sie vom Papier abziehen. Schneller geht's im Backofen: Figuren bei 75° (Umluft 50°) etwa 30 Min. bei spaltbreit geöffneter Ofentür trocknen.

Sahne:

Zubereitung: Gekühlte Sahne steif schlagen, mit Puderzucker süßen. In den Sommermonaten oder wenn die Torte nicht sofort gegessen wird, sollten Sie die Sahne zusätzlich stabilisieren, indem Sie entweder Sahnesteif oder Gelatine einarbeiten.

➤ **Kuchen verzieren:** Die steif geschlagene Sahne in einen Spritzbeutel passender Größe füllen und den Beutel oben zudrehen oder zufalten. Die Spitze der Spritztülle wird nun je nach gewünschtem Dekor leicht angewinkelt angesetzt: für Linien setzen Sie sie im 60°-Winkel an, für Muscheln im 45°-Winkel, für Tupfen oder Sterne im 90°-Winkel (senkrecht).
Die Spitze der Spritztülle dabei direkt über dem Kuchen ansetzen und weiterziehen, sobald die Masse herauszufließen beginnt. Zu viel Druck ergibt eine Schlangenlinie, zu wenig Druck lässt die Linie zu dünn werden oder ganz abreißen.

Raffinierte Blitzrezepte

Lust auf Kuchen – aber (fast) keine Zeit? Macht nichts: Hier kommen die superschnellen Kuchen, Torten & Törtchen, für die Sie garantiert nicht mehr als 30 Minuten Arbeitszeit opfern müssen. Blitzschnell gerührt, fix gebacken und im Handumdrehen fertig gestellt und verziert, lassen sie keine Kinderwünsche offen. Oder doch? Einen garantiert: Bitte ganz schnell noch mehr davon ...

Cool backen

Spiegeleier

FÜR 5 TORTELETTFÖRMCHEN (10 CM Ø)

➤ **175 g Butter | 200 g Löffelbiskuits | 150 g Sahne | 1 TL Puderzucker | 100 g Doppelrahmfrischkäse | 5 Pfirsichhälften (aus der Dose) | Butter für die Förmchen**

1 | Die Torteletttförmchen dünn mit Butter fetten. Die Butter zerlassen, Biskuits fein zerbröseln und beides verrühren. Die Masse fingerdick in die Förmchen drücken und etwa 1 Std. kalt stellen.

2 | Die Sahne steif schlagen, mit Puderzucker süßen und vorsichtig unter den Frischkäse rühren. Die Torteletts aus den Förmchen lösen, die Sahnecreme darauf verstreichen und jeweils 1 Pfirsichhälfte (gut abgetropft) in die Mitte legen.

Maulwurfstorte

FÜR 1 SPRINGFORM (24 CM Ø)

➤ **150 g Zucker | 3 EL Butter | 225 g Müsli | 125 g Vollmilchschokolade | 500 g Sahne | 2 kleine Bananen | 1 Schoko-Maulwurf | Backpapier**

1 | Den Zucker in einem Topf schmelzen, bis er goldgelb ist. Butter und Müsli untermischen. Die Müslimasse fingerdick in eine mit Backpapier ausgelegte Springform verteilen und mit einem Löffel festdrücken. Auskühlen lassen.

2 | Die Schokolade fein reiben. Die Sahne steif schlagen und die Schokolade unterheben. Die Bananen schälen, in Scheiben schneiden und den Müsliboden damit belegen. Die Sahne hügelartig darauf häufen, mit Schoko-Maulwurf dekorieren.

gelingt leicht | fettarm

Schneller Bauernhofkuchen

FÜR 1 BACKBLECH

- 4 Eier | 2 Bananen
- 2 EL Zitronensaft
- 300 g Mehl
- 100 g brauner Zucker
- 1/2 Päckchen Backpulver
- 150 g Joghurt
- 1 EL grüne Lebensmittelfarbe (flüssig)
- 50 g Kokosraspel
- 6 Eiswaffel-Schokoröllchen
- 2 TL Johannisbeergelee
- 1 EL gehackte Mandeln
- 2 Waffelkekse
- 2 Schokosticks
- Spielzeugtiere | Backpapier

Zubereitung: 30 Min.
Backzeit: ca. 15 Min.
Bei 20 Stück pro Portion ca.: 136 kcal

1 | Backofen auf 200° (Umluft 180°) vorheizen. Backblech mit Backpapier auslegen. Eier trennen, Eiweiß zu Eischnee schlagen. Bananen schälen, mit einer Gabel zerdrücken und mit Zitronensaft mischen.

2 | Mehl, Zucker und Backpulver mit Joghurt, Eigelben und Bananenmus verrühren. Eischnee unterheben. Teig auf das Blech streichen und im Ofen (Mitte) 15 Min. backen.

3 | Die Lebensmittelfarbe mit 1 EL Wasser verdünnen und Kokosraspel damit mischen. Eiswaffelröllchen halbieren.

4 | Den ausgekühlten Kuchen vom Blech nehmen, den Rand gerade schneiden. Die Abschnitte klein schneiden, mit Johannisbeergelee mischen, als »Misthaufen« auftürmen und mit Mandeln bestreuen.

5 | Den Kuchen mit den grünen Kokosraspeln als Gras bestreuen. Eiswaffelröllchen als Zaunstützen in den Kuchen bohren und Kekse als Zaunelemente dagegen lehnen sowie Schokosticks als Querlatten auf die Eisröllchen legen. Die Bauernhoftiere dekorativ auf den Kuchen stellen.

TIPP Wenn Sie etwas mehr Zeit haben, fertigen Sie aus Kuvertüre Zaunelemente (s. Seite 8).

1 Misthaufen bauen
Mit Gelee vermischte Kuchenstückchen hügelartig auftürmen.

2 Wiese anlegen
Gefärbte Kokosraspel auf den mit Gelee bepinselten Kuchen streuen.

3 Zäune gestalten
Waffelröllchen als Stützen in den Kuchen stecken, Waffeln anlehnen.

Kinderliebling

Marmorkuchen

FÜR 1 GUGELHUPFFORM (Ø 23 CM)

- **200 g weiche Butter**
- **200 g Zucker**
- **2 Päckchen Vanillezucker**
- **4 Eier | 200 g Mehl**
- **1 Päckchen Backpulver**
- **75 g Speisestärke**
- **6 EL Milch | 30 g Kakao**
- **125 g Zartbitterkuvertüre**
- **2 EL bunte Zuckerstreusel**
- **75 g runde Plätzchen**
- **Butter und Mehl für die Form**

Zubereitung: 25 Min.
Backzeit: ca. 50 Min.
Bei 16 Stück pro Portion ca.: 305 kcal

1 | Backofen auf 175° vorheizen. Die Form mit Butter fetten und mit Mehl ausstreuen. Aus Butter, Zucker, Vanillezucker und Eiern eine Schaummasse rühren.

2 | Mehl mit Backpulver und Speisestärke mischen, drei Viertel davon unter die Buttermasse ziehen, den Rest mit 2 EL Milch unterrühren.

3 | Die Hälfte des Teigs in die Form füllen. Kakao und übrige Milch unter den restlichen Teig rühren und diesen auf den hellen Teig geben. Eine Gabel spiralförmig durch beide Teige ziehen. Den Marmorkuchen etwa 50 Min. im Ofen (Mitte, Umluft 160°) backen.

4 | Den Kuchen 5 Min. abkühlen lassen, dann stürzen und auskühlen lassen. Kuvertüre schmelzen, den Kuchen und die Plätzchen damit überziehen. Den Sockel 3 cm hoch mit Zuckerstreuseln dekorieren und die Plätzchen in die weiche Kuvertüre drücken.

gelingen leicht

Ostermuffins

FÜR 12 STÜCK

- **250 g Mehl**
- **100 g Zucker**
- **1 TL Backpulver**
- **Saft von 1 Zitrone**
- **3 EL Öl**
- **150 ml Buttermilch**
- **3 Eier | 120 g Puderzucker**
- **rote, grüne und gelbe Lebensmittelfarbe (flüssig)**
- **kleine bunte Zuckereier**
- **Papier-Muffinförmchen**

Zubereitung: 20 Min.
Backzeit: ca. 15 Min.
Pro Stück ca.: 185 kcal

1 | Den Backofen auf 200° (Umluft 180°) vorheizen. Die Papier-Muffinförmchen in ein Muffinblech stellen. Mehl mit Zucker und Backpulver mischen. Zitronensaft, Öl, Buttermilch und Eier dazugeben und alles verrühren.

2 | Den Teig in die Muffinförmchen füllen und diese im Backofen (Mitte) 12–15 Min. goldbraun backen. Herausnehmen und auf einem Kuchengitter erkalten lassen.

3 | Den Puderzucker mit 3 TL Wasser anrühren, dritteln und jeden Teil mit einer anderen Lebensmittelfarbe einfärben. Die Muffins damit bestreichen und die Zuckereier auflegen. Trocknen lassen.

TIPP

Haben Sie kein Muffinblech, so füllen Sie den Teig in jeweils 2 ineinander gestellte Papier-Muffinförmchen und backen Sie die Muffins auf einem Backblech.

im Bild vorne: **Ostermuffins** *im Bild hinten:* **Marmorkuchen** ➤

5

blitzschnell

Zimtschnecken

FÜR 8 STÜCK

- 1 Beutel Grundmischung Hefe-Obstkuchen-Teig
- 1/8 l Milch | 1 TL Zimtpulver
- 4 TL Zucker | 3 EL Butter
- 16 Pinienkerne
- 8 Haselnüsse
- Mehl zum Arbeiten
- Backpapier

Zubereitung: 20 Min.
Backzeit: ca. 15 Min.
Pro Stück ca.: 215 kcal

1 | Die Grundmischung Hefeteig mit der lauwarmen Milch anrühren und 10 Min. gehen lassen. Zimt und Zucker mischen. Backofen auf 200° (Umluft 180°) vorheizen.

2 | Die Butter zerlassen. Den Hefeteig auf der bemehlten Arbeitsfläche 1 cm dick ausrollen, mit Butter bestreichen und mit Zimtzucker bestreuen. Den Teig von der Schmalseite her aufrollen und 2–3 cm dicke Scheiben abschneiden.

3 | Die Teigscheiben auf das mit Backpapier ausgelegte Backblech legen. Die Teigenden 6–8 cm von der Rolle lösen und als Schneckenkopf entgegengesetzt zur Rolle einschlagen. Je 2 Pinienkerne als Fühler sowie 1 Haselnuss als Auge in den Teig drücken.

4 | Die Schnecken mit der restlichen Butter bestreichen und im Backofen (Mitte) in 15 Min. goldbraun backen.

➤ Lauwarm schmecken die Schnecken am besten.

Klassiker mit Gesicht

Amerikaner

FÜR 8 STÜCK

- 125 g Butter | 125 g Zucker
- 2 Päckchen Vanillezucker
- 1 Prise Salz | 3 Eier
- 300 g Mehl
- 2 EL Speisestärke
- 3/4 Päckchen Backpulver
- Milch zum Bestreichen
- 5 EL Puderzucker
- 2 TL Zitronensaft
- rote, grüne, gelbe und braune Zuckerschrift
- Backpapier

Zubereitung: 25 Min.
Backzeit: ca. 20 Min.
Pro Stück ca.: 371 kcal

1 | Backofen auf 175° (Umluft 160°) vorheizen. Ein Backblech mit Backpapier auslegen. Butter mit Zucker, Vanillezucker, Salz und Eiern schaumig rühren. Mehl, Speisestärke und Backpulver unter die Buttermasse heben.

2 | Mit Hilfe von zwei Esslöffeln spitze Teighäufchen (7 cm Ø und 3 cm Höhe) auf das mit Backpapier belegte Blech setzen und die Oberfläche mit einem feuchten Teigspatel glätten. Im Ofen (Mitte) 15 Min. backen, mit Milch bestreichen und noch 5 Min. weiterbacken. Auf einem Gitter auskühlen lassen.

3 | Puderzucker mit Zitronensaft und Wasser dickflüssig anrühren. Den Guss auf die Unterseite der Amerikaner streichen, etwas trocknen lassen und mit der Zuckerschrift nach Belieben Gesichter aufmalen. Die Zuckerschrift gut trocknen lassen.

➤ Die Amerikaner lassen sich ohne Glasur gut tiefkühlen.

◄ *im Bild vorne:* **Amerikaner** *im Bild hinten:* **Zimtschnecken**

für Gäste | gut vorzubereiten

Christbaumkuchen

FÜR 1 CHRISTBAUM-KUCHENFORM (32 CM HÖHE)

- 200 g Butter
- 100 g Zartbitterschokolade
- 3 Eier | 125 g Honig
- 1 Päckchen Vanillezucker
- 2 TL Lebkuchengewürz
- 1 Päckchen Orange-Back
- 5 EL Orangensaft
- 100 g gemahlene Mandeln
- 50 g Rosinen
- 375 g Dinkelmehl (Type 997)
- 1 Päckchen Backpulver
- 4 Eiweiße
- 150 g Puderzucker
- 4 TL Instant-Kakaopulver
- grüne Lebensmittelfarbe (flüssig)
- 8 kleine rote Kerzen (mit Halterungen)
- Butter und Mehl für die Form

Zubereitung: 30 Min.
Backzeit: 40 Min.
Bei 18 Stück pro Portion ca.: 287 kcal

1 | Die Form mit Butter fetten und mit Mehl ausstreuen. Backofen auf 180° vorheizen. Die Butter zerlassen und die Schokolade hacken. Die Eier mit Honig schaumig rühren, Butter unterschlagen, Schokolade, Vanillezucker, Lebkuchengewürz, Orangenzucker und Orangensaft unterziehen.

2 | Mandeln, Rosinen und etwa zwei Drittel des Mehls unterrühren. Das restliche Mehl mit dem Backpulver mischen und ebenfalls unterrühren.

3 | Den Teig in die Baumform streichen und im Backofen (Mitte, Umluft 160°) 40 Min. backen. Den Kuchen auf ein Gitter stürzen und erkalten lassen.

4 | Die Eiweiße steif schlagen, den Puderzucker darauf sieben und unterheben. Ein Drittel der Glasur mit Instant-Kakaopulver einfärben und den Kuchen damit dünn bestreichen.

5 | Den Backofengrill vorheizen. Den Rest des Eischnees mit Lebensmittelfarbe grün färben, die Masse in einen Spritzbeutel füllen und die Tannennadeln damit aufmalen. Den Kuchen 5–10 Min. übergrillen, auskühlen lassen und die Kerzen darauf stecken.

TIPPS

KLEINE BACKTRICKS

- Sie können das Lebkuchengewürz leicht selber mischen: Nehmen Sie ersatzweise je 1/4 TL Zimt und Kardamom sowie je 1 Msp. Nelken und Koriander.
- Soll es noch schneller gehen? Um die Weihnachtszeit finden Sie im Backregal fertige Dekorationen aus Zuckerguss oder Marzipan.
- Haben Sie keine Baumform? Nehmen Sie einen langen Streifen Alufolie (vierfach gefaltet) und formen Sie daraus selbst einen Baum, den Sie auf ein mit Backpapier belegtes Backblech legen. Sie dürfen die Alufolie wieder sanft in Form drücken, falls die Baumform beim Teigeinfüllen etwas unförmig wird.

reicht für viele

Schatzsucher-Kuchen

FÜR 1 BACKBLECH

- 225 g Butter | 6 Eier
- 225 g feinster Zucker
- 1 kg Quark
- 2 Päckchen Vanillezucker
- 4 EL Zitronensaft
- 3 EL Speisestärke
- 1/2 Päckchen Backpulver
- 6 EL Dinkelgrieß
- 100 g Zartbitterkuvertüre
- Backpapier

Zubereitung: 25 Min.
Backzeit: ca. 45 Min.
Bei 20 Stück pro Portion ca.: 244 kcal

1 | Backofen auf 175° vorheizen. Backblech mit Backpapier auslegen. Butter, Eier und Zucker schaumig rühren. Quark, Vanillezucker und Zitronensaft unterrühren. Speisestärke mit Backpulver mischen, auf die Quarkmasse sieben und mit dem Grieß unterrühren.

2 | Quarkmasse auf das Blech streichen. Im Ofen (Mitte, Umluft 160°) in 45 Min. goldbraun backen. Sollte der Kuchen dabei zu dunkel werden, rechtzeitig mit Alufolie abdecken und fertig backen.

3 | Kuvertüre schmelzen, in ein Papiertütchen füllen und auf den ausgekühlten Kuchen eine Schatzkarte malen (und nach Belieben bunt ausmalen).

TIPP Der Kuchen ist das perfekte Geburtstagsspiel für Schulkinder: Malen Sie einen Plan mit den Straßen in Ihrer Umgebung und vergraben Sie am Ziel einen kleinen Schatz ...

mit Aha-Effekt

Eistüten

FÜR 8 STÜCK

- 2 Eier | 50 g Honig
- 1 Msp. gemahlene Vanille
- 3 EL Butter
- 75 g Dinkelvollkornmehl
- 1 EL Speisestärke
- 8 Eiswaffeltüten (Supermarkt oder Eisdiele)
- 125 g Puderzucker
- 1 Eiweiß
- 1 TL Zitronensaft
- 1 TL Himbeersirup
- 1 TL Mangosirup

Zubereitung: 25 Min.
Backzeit: 15 Min.
Pro Stück ca.: 194 kcal

1 | Den Backofen auf 175° (Umluft 160°) vorheizen. Die Eier mit dem Honig und der Vanille sehr schaumig schlagen. Die Butter zerlassen.

2 | Die Butter unter die Eimasse schlagen. Das Dinkelmehl mit der Speisestärke mischen, auf die Masse sieben und vorsichtig unterheben. Je etwa 2 TL Teig in eine Waffeltüte füllen, diese in ofenfeste Gläser (Marmeladengläser) oder Becher stellen und im Ofen (Mitte) 15 Min. backen.

3 | Puderzucker sieben, mit Eiweiß und Zitronensaft verrühren, bis die Masse schaumig ist und glänzt. Eine Hälfte der Glasur mit Himbeersirup rosa, die andere mit Mangosirup gelb färben, auf die »Eiskugeln« streichen und 3 Std. trocknen lassen.

TIPP Wenn es schnell gehen soll, können Sie als Glasur auch einfach Puderzucker mit Zitronensaft cremig rühren.

im Bild vorne: Schatzsucher-Kuchen *im Bild hinten:* Eistüten

Enten-teich
Park
N
100m

ABC

Klassiker auf neue Art

Äpfel im Schlafrock

FÜR 6 STÜCK

- 450 g TK-Blätterteig
- 3 TL Zucker | 1 TL Zimtpulver
- 3 kleine Äpfel
- 1 Eigelb zum Bestreichen
- Backpapier

Zubereitung: 30 Min.
Backzeit: ca. 25 Min.
Pro Stück ca.: 345 kcal

1 | Den Blätterteig auf der Arbeitsfläche auslegen. Zucker und Zimt mischen. Die Äpfel schälen, halbieren, Kerngehäuse entfernen und die Äpfel in Zimtzucker wälzen. Backofen auf 200° (Umluft 180°) vorheizen. Backblech mit Backpapier belegen.

2 | Eine Apfelhälfte auf eine Hälfte eines Blätterteigstücks setzen. Den Teig um den Apfel mit Eigelb bestreichen. Den Teig über den Apfel klappen und die Ränder gut festdrücken. Mit einem runden Ausstecher (ca. 10 cm Ø) den Teigling ausstechen. Die übrigen Äpfel ebenso umhüllen.

3 | Die Apfeltaschen auf das Blech legen und mit Eigelb bestreichen. Aus den Teigresten kleine Dekoelemente ausstechen, auf die Apfeltaschen legen und ebenfalls mit Eigelb bestreichen. Im Ofen (Mitte) 25 Min. backen.

für ABC-Schützen

Schultüte

FÜR 1 BACKBLECH

- 100 g Dinkelvollkornmehl
- 120 g Mehl | 1/2 TL Natron
- 2 TL Backpulver
- 60 g gemahlene Haselnüsse
- 75 g Zucker
- 75 g Nougat | 75 ml Öl
- 1 Ei | 200 g Buttermilch
- 125 g Johannisbeerkonfitüre
- 2 Eiswaffeltüten
- 250 g Puderzucker
- 2 EL Zitronensaft
- Lebensmittelfarbe nach Belieben
- kleine bunte Zuckerperlen
- ABC-Kekse (Russisch Brot)
- Backpapier

Zubereitung: 30 Min.
Backzeit: 20 Min.
Bei 20 Stück pro Portion ca.: 192 kcal

1 | Backofen auf 200° (Umluft 180°) vorheizen. Mehlsorten mit Natron, Backpulver, Nüssen und Zucker vermischen. Nougat klein schneiden, mit Öl, Ei und Buttermilch zum Mehl geben und verrühren.

2 | Backblech mit Backpapier belegen. Den Teig auf das Blech streichen und im Ofen (Mitte) 15–20 Min. backen. Auskühlen lassen und die Ränder glatt schneiden. Auf einer Schmalseite des Kuchens die Mitte bestimmen. Von dort aus zu den Ecken der gegenüberliegenden Seite schneiden, so dass eine Schultüte entsteht. Die beiden Kuchenreste mit Konfitüre als zweite »Lage« aufkleben.

3 | Eine Eiswaffeltüte längs halbieren. Am oberen Ende der Schultüte die andere Eistüte hineinstecken. Die beiden Eistütenhälften links und rechts davon anbringen.

4 | Den Puderzucker mit Zitronensaft und etwas Lebensmittelfarbe anrühren und den Kuchen damit bestreichen. Mit Zuckerperlen dekorieren und die Buchstaben auflegen.

im Bild rechts: **Äpfel im Schlafrock** *im Bild links:* **Schultüte**

Lustige Stundenkuchen

Lust auf Kuchen, aber nicht auf eine ausschweifende Backorgie? Dann sind Sie hier genau richtig: Ob pfiffige Mini-Muffins oder lustige Gebäckteilchen, zeitlose Kuchenklassiker oder schnelle Tortenträume – für »Back-Normalos« steht nach längstens einer Stunde Arbeit das süße Werk bereit. Heute, morgen, jeden Tag. Egal zu welchem Anlass, jetzt heißt es nur noch: entscheiden und dann nichts wie ran an den Backofen!

Cool backen

Milchschnitten

FÜR 10 STÜCK (KASTENFORM 22 CM)

➤ **400 g Pumpernickel | 150 g zerlassene Butter | 80 g brauner Zucker | 1 Msp. Zimtpulver | 3 Blatt weiße Gelatine 150 g Sahne | 250 g Quark | 125 g Vanillejoghurt | 2 TL flüssiger Honig Frischhaltefolie**

1 | Form mit Folie auslegen. Pumpernickel hacken, mit Butter, Zucker, Zimt mischen. Die Hälfte der Masse in die Form drücken.

2 | Gelatine einweichen. Sahne steif schlagen. Quark und Joghurt mit Honig verrühren. Gelatine auflösen und unterrühren, Sahne unterheben. Die Masse in die Form streichen, mit dem übrigen Pumpernickel bedecken und 3 Std. im Kühlschrank fest werden lassen, dann in Schnitten schneiden.

Obstgesichter

FÜR 6 TÖRTCHEN

➤ **200 g Vollmilchschokolade | 200 g Vollkorn-Butterkekse | 2 Nektarinen | 250 g Sahne | 250 g Himbeeren | Backpapier**

1 | Die Schokolade schmelzen. Kekse zerbröseln und unterrühren. Mit einem Metallring (10 cm Ø) 6 Törtchen formen: Ring auf Backpapier legen und ein Sechstel der Masse hineindrücken. Ring abziehen und weitere Böden formen. Die Böden im Kühlschrank fest werden lassen.

2 | Nektarinen in Spalten schneiden. Sahne steif schlagen, die Torteletts damit dünn bestreichen. Die Törtchen mit Nektarinenspalten und Himbeeren belegen. Die übrige Sahne mit einem Spritzbeutel als Haare, Augen, Bart und Mund aufspritzen.

saftige Mini-Kuchen

Schokomuffins

FÜR 12 STÜCK

- **50 g gehackte Mandeln**
- **100 g Butter**
- **125 g Zartbitterschokolade**
- **200 g Mehl**
- **1 TL Backpulver**
- **1/2 TL Natron**
- **75 g brauner Zucker**
- **1 gestr. TL Zimtpulver**
- **1 Msp. Kardamompulver**
- **3 Eier | 75 ml Milch**
- **350 g Canache (s. Seite 5)**
- **bunte Liebesperlen**
- **kleine bunte Zuckerperlen**
- **Papier-Muffinförmchen**

Zubereitung: 35 Min.
Backzeit: ca. 15 Min.
Pro Stück: ca. 366 kcal

1 | Mandeln in einer Pfanne rösten. Butter mit der Schokolade schmelzen. Den Backofen auf 200° (Umluft 180°) vorheizen. Papierförmchen in das Muffinblech stellen.

2 | Mandeln, Mehl, Backpulver, Natron, Zucker, Zimt und Kardamom mischen und mit Schokobutter, Eiern und Milch verrühren.

3 | Den Teig in die Förmchen füllen und im vorgeheizten Backofen (Mitte) 15 Min. backen. Auf einem Kuchengitter erkalten lassen, mit Canache überziehen und mit Liebesperlen und kleinen Zuckerperlen dekorieren.

Kinderliebling

Strandkuchen

FÜR 1 KASTENFORM (25 CM LÄNGE)

- **200 g Butter**
- **4 Eier | 200 g Zucker**
- **1 Päckchen Vanillezucker**
- **100 g Mehl**
- **100 g Speisestärke**
- **1 gestr. TL Backpulver**
- **150 g Muschelschokolade**
- **100 g Vanilleglasur**
- **2 EL Kokosraspel**
- **Papierschirmchen nach Belieben**
- **Butter und Mehl für die Form**

Zubereitung: 35 Min.
Backzeit: ca. 1 Std.
Bei 16 Stück pro Portion ca.: 305 kcal

1 | Den Backofen auf 200° vorheizen. Die Form mit Butter fetten und mit Mehl ausstreuen. Die Butter zerlassen und etwas abkühlen lassen.

2 | Die Eier verrühren, Zucker und Vanillezucker einrieseln lassen und alles zu einer Schaummasse aufschlagen.

3 | Das Mehl mit Speisestärke mischen und 3 EL davon unter die Schaummasse rühren. Die flüssige Butter abwechselnd mit etwas Mehlgemisch unterrühren. Zuletzt das Backpulver unter das übrige Mehl mischen und ebenfalls unterrühren.

4 | Den Teig in die Form füllen, glatt streichen und im Backofen (Mitte, Umluft 180°) in 1 Std. goldbraun backen. Den Kuchen 10 Min. abkühlen lassen, dann stürzen und auskühlen lassen.

5 | Die Muschelschokolade horizontal halbieren, um sie flacher zu machen. Die Vanilleglasur schmelzen, den Kuchen damit einstreichen und die Kokosraspel aufstreuen. Die Muschelschokolade in die noch weiche Glasur drücken. Nach Belieben mit Papierschirmchen dekorieren.

im Bild vorne: **Schokomuffins** *im Bild hinten:* **Strandkuchen**

Dino-Fan-Kuchen

Dinopark zum Vernaschen

FÜR 1 SPRINGFORM (28 CM Ø) UND 1 MINI-GUGELHUPFFORM (18 CM Ø)

- **2 Dosen Mandarinenfilets (je etwa 300 g Inhalt)**
- **500 g Mehl | 200 g Zucker**
- **4 Eier**
- **200 g Mascarpone**
- **1 Päckchen Backpulver**
- **1 Päckchen Orangenzucker**
- **100 g Vollmilchkuvertüre**
- **3 EL Puderzucker**
- **grünes Esspapier**
- **3 Waffelröllchen**
- **Watte | Spielzeug-Dinos**
- **Butter und Mehl für die Formen**

Zubereitung: 40 Min.
Backzeit: 30 Min.
Bei 15 Stück pro Portion ca.: 290 kcal

1 | Die Formen mit Butter fetten und mit Mehl ausstreuen. Backofen auf 175° (Umluft 160°) vorheizen. Mandarinenfilets abtropfen lassen, 200 ml Sirup dabei auffangen.

2 | Mehl, Zucker, Eier, Mascarpone, Backpulver, Orangenzucker und Mandarinensirup verrühren, Mandarinenfilets vorsichtig unterheben. Drei Viertel des Teigs in die Springform füllen, Rest in die Gugelhupfform geben, glatt streichen. Beide Kuchen im Ofen (Mitte) 25–30 Min. backen.

3 | Die Kuchen aus der Form stürzen und auf einem Gitter auskühlen lassen. Die Kuvertüre schmelzen. Die Seiten des Gugelhupfes vulkanartig schräg schneiden, den Vulkan mit Kuvertüre auf den Springform-Kuchen kleben, die Kuchenreste im Krater versenken oder außen auf den Vulkan kleben.

4 | Die restliche Kuvertüre auf der Kuchenoberfläche verstreichen. Trocknen lassen und Teilbereiche dünn mit Puderzucker überstauben.

5 | Aus Esspapier 9 Palmwedel schneiden. Die Waffelröllchen oben einschneiden und jeweils 3 Palmwedel hineinstecken. Palmen in den Kuchen stecken, Watte in den Vulkan drücken und mit Dinos dekorieren.

1 **Vulkan anlegen**
Mini-Gugelhupf kegelartig beschneiden und auf den Kuchen kleben.

2 **Boden gestalten**
Kuchen mit Kuvertüre bestreichen. Nach dem Trocknen überzuckern.

3 **Palmen bauen**
Waffelröllchen einschneiden, Palmwedel aus Esspapier hineinstecken.

START/ZIEL

heute ein König!

Geburtstags-krone

FÜR 1 GUGELHUPFFORM

- 1 Marmorkuchen in Gugelhupfform (s. Seite 14)
- 125 g Puderzucker
- 1 Eiweiß
- 1 TL Zitronensaft
- bunte Schokolinsen
- silbrige Liebesperlen
- kleine Geburtstagskerzen (mit Halterung)

Zubereitung: 35 Min.
Backzeit: ca. 40 Min.
Bei 15 Stück pro Portion ca.: 288 kcal

1 | Den Marmorgugelhupf auskühlen lassen. In den oberen Rand 8 gleich tiefe Zacken schneiden (die ausgeschnittenen Reste einfach so essen).

2 | Den Puderzucker sieben und mit Eiweiß und Zitronensaft dickschaumig aufschlagen. Die Glasur über die Zacken gießen und am Rand verstreichen. Die Krone mit Schokolinsen und Liebesperlen verzieren und die Kerzen hineinstecken. Die Glasur trocknen lassen.

Flitzer-Kuchen

Autorennbahn

FÜR 1 NAPFKUCHEN-SPRINGFORM (25 CM Ø)

- 250 g Butter
- 250 g Zucker
- 4 Eier
- 2 Päckchen Vanillezucker
- 500 g Mehl
- 1 Päckchen Backpulver
- 1/8 l Orangensaft
- abgeriebene Schale von 1 unbehandelten Orange
- 300 g Kakaoglasur
- 6 EL gehackte Pistazien
- gestreiftes Lakritzkonfekt
- Holzspießchen
- weiße Zuckerschrift
- festes Papier
- 2 selbst gebastelte Lakritzautos (ersatzweise Fruchtgummi-Rennautos)
- Butter und Mehl für die Form

Zubereitung: 50 Min.
Backzeit: 45 Min.
Bei 20 Stück pro Portion ca.: 344 kcal

1 | Backofen auf 200° vorheizen. Die Form mit Butter fetten und mit Mehl ausstreuen. Butter, Zucker, Eier und Vanillezucker zu einer Schaummasse rühren. Mehl und Backpulver mischen und mit Orangensaft und -schale unterrühren.

2 | Die Masse in die Form streichen und im Ofen (Mitte, Umluft 180°) 45 Min. backen. Den Kuchen auskühlen lassen, quer durchschneiden und die Schnittflächen der Ringe nach oben drehen.

3 | Von jedem Ring seitlich ein 15 x 3 cm großes Segment abschneiden und die Ringe aneinander schieben, so dass eine liegende Acht entsteht. Die Kakaoglasur schmelzen und die Rennbahn damit überziehen. Pistazien als Gras aufstreuen, Lakritzstücke mit Holzspießchen als Pfosten bzw. Fahnen in den Rand stecken.

4 | Mit der Zuckerschrift die Fahrbahn aufmalen, Start/Ziel aus 2 Holzspießchen und Papier zusammenkleben, beschriften und in die Bahn stecken. Die Autos in die Rennbahn setzen.

im Bild vorne: **Geburtstagskrone** *im Bild hinten:* **Autorennbahn**

raffiniert | für Gäste

Osterlamm

FÜR 1 LAMMFORM
(1 L INHALT)

- **2 Eier | 80 g Zucker**
- **1 Tropfen Bittermandelöl**
- **40 g Mehl**
- **40 g geschälte gemahlene Mandeln**
- **125 g Puderzucker**
- **1 Eiweiß | 1 TL Zitronensaft**
- **2 Rosinen**
- **Butter und Mehl für die Form**

Zubereitung: 40 Min.
Backzeit: ca. 20 Min.
➤ Bei 10 Stück pro Portion ca.: 147 kcal

1 | Backofen auf 190° (Umluft 175°) vorheizen. Die Form mit Butter fetten und mit Mehl ausstreuen. Die Eier mit Zucker sehr schaumig schlagen und das Bittermandelöl unterziehen. Das Mehl darüber sieben und mit den Mandeln vorsichtig unterheben.

2 | Die Masse in die Form füllen und im Backofen (unten) 20 Min. backen. Die Form herausnehmen, abkühlen lassen und das Lamm stürzen.

3 | Puderzucker sieben, mit Eiweiß und Zitronensaft schaumig-glänzend aufschlagen.

4 | Die Masse in einen Spritzbeutel füllen und das Lamm mit der Glasur bespritzen. Die Rosinen als Augen anbringen. Die Glasur im Backofen bei 75° (Umluft 50°) bei leicht geöffneter Tür 40 Min. trocknen.

➤ Das Lamm können Sie gut schon am Vortag backen.

zum Mitnehmen

Mini-Früchtepizza

FÜR 8 STÜCK

- **350 g gemischte Früchte (z. B. Zwetschgen, Erdbeeren, Kiwis, Nektarinen)**
- **100 g Crème fraîche**
- **200 g Mascarpone**
- **1 Ei | 100 g Zucker**
- **1/2 Päckchen Vanillepuddingpulver**
- **350 g Mehl | 1 Prise Salz**
- **1/2 Päckchen Backpulver**
- **200 g Quark | 5 EL Öl**
- **3 EL Milch**
- **Mehl zum Arbeiten**
- **Backpapier**

Zubereitung: 40 Min.
Backzeit: 40 Min.
➤ Pro Stück ca.: 476 kcal

1 | Früchte waschen, putzen, nach Belieben klein schneiden, abdecken. Crème fraîche und Mascarpone mischen, Ei und 3 EL Zucker sowie das Puddingpulver unterrühren.

2 | Aus den übrigen Zutaten einen Quark-Öl-Teig herstellen (s. Seite 4). Ofen auf 190° (Umluft 175°) vorheizen. Zwei Backbleche mit Backpapier auslegen. Den Teig auf der bemehlten Arbeitsfläche ausrollen, Kreise mit 12 cm Ø ausstechen und auf die beiden Bleche legen. Die Teigkreise vom Rand zur Mitte hin etwas flacher drücken.

3 | Die Creme auf die Teigkreise streichen und mit Obst belegen. Die Bleche im Ofen gleichzeitig bei Umluft oder nacheinander bei Ober-/Unterhitze 20 Min. backen.

TIPP
Wenn es ultraschnell gehen muss, verwenden Sie Tiefkühl- oder Fertighefeteig.

im Bild vorne: **Mini-Früchtepizza** *im Bild hinten:* **Osterlamm** ➤

herrlich fruchtig

Sommerliche Blütentorte

FÜR 1 SPRINGFORM (Ø 22 CM)

- **2 Eier | 60 g Zucker**
- **60 g Mehl**
- **1 TL Speisestärke**
- **75 g Zartbitterkuvertüre**
- **3 Blatt weiße Gelatine**
- **500 g kleine Erdbeeren**
- **400 g Quark**
- **2 Päckchen Vanillezucker**
- **1 EL flüssiger Honig**
- **250 g Sahne | Backpapier**
- **25 Rosenblätter**

Zubereitung: 60 Min.
Backzeit: ca. 15 Min.
Bei 16 Stück pro Portion ca.: 152 kcal

1 | Backofen auf 200° (Umluft 180°) vorheizen. Boden der Form mit Backpapier auslegen. Aus Eiern, Zucker, Mehl und Stärke einen Biskuitteig rühren (s. Seite 4), in die Form streichen und im Ofen (Mitte) 15 Min. backen. Den Rand mit einem Messer lösen und den Biskuit auskühlen lassen.

2 | Die Kuvertüre schmelzen. Die Rosenblätter waschen, gründlich trockentupfen und die Kuvertüre mit einem Pinsel darauf streichen. Gut trocknen lassen und dann die Blätter vorsichtig abziehen.

3 | Die Gelatine in kaltem Wasser einweichen. Erdbeeren waschen und putzen, 5 schöne Beeren beiseite legen, den Rest halbieren. Einen Tortenring um den Biskuit legen.

4 | Quark mit Vanillezucker und Honig verrühren. Die Gelatine in wenig heißem Wasser auflösen und unterrühren. Die Sahne steif schlagen und mit den Erdbeeren unter die Quarkmasse ziehen. Die Masse in den Tortenring füllen, glatt streichen und im Kühlschrank 4 Std. erstarren lassen. Die beiseite gelegten Erdbeeren auf der Quarkmasse verteilen und die Schokoblätter sternförmig um die Beeren anordnen.

TIPP
Sie können die Torte auch mit Zwetschgen oder Kirschen herstellen. Im Winter nehmen Sie einfach TK-Beeren.

1 **Blätter anfertigen**
Blattunterseiten mit Kuvertüre bestreichen, trocknen lassen, Blätter abziehen.

2 **Erdbeeren verteilen**
Die Erdbeeren so verteilen, dass die Blätter noch dazwischen passen.

3 **Blätter anlegen**
Je 5 Schokoblätter kreisförmig um eine Erdbeere legen.

schmecken lange gut

Nikoläuse

FÜR 2 STÜCK (25 CM LANG)

- 125 g Honig | 2 Eier
- 1 TL abgeriebene unbehandelte Zitronenschale
- 1 TL Lebkuchengewürz
- 325 g Mehl
- 1/2 Päckchen Backpulver
- 100 g gemahlene Mandeln
- 100 g Puderzucker
- rote, grüne und braune Lebensmittelfarbe (flüssig oder Pulver)
- Mehl zum Arbeiten
- Backpapier

Zubereitung: 40 Min.
Backzeit: 15 Min.
Pro Stück ca.: 1010 kcal

1 | Backofen auf 190° (Umluft 175°) vorheizen. Zwei Backbleche mit Backpapier auslegen. Honig, Eier, Zitronenschale und Lebkuchengewürz schaumig rühren.

2 | Mehl, Backpulver und Mandeln mit der Honigmasse verkneten. Den Teig auf bemehlter Arbeitsfläche etwa 1 cm dick und so groß ausrollen, dass Sie nach der kopierten und vergrößerten Schablone von Seite 60 zwei Nikoläuse ausschneiden können. Die Nikoläuse auf die Bleche legen und im Backofen gemeinsam bei Umluft oder nacheinander bei Ober-/Unterhitze je 15 Min. backen.

3 | Puderzucker mit 2 TL Wasser anrühren, portionsweise mit Lebensmittelfarbe einfärben und die ausgekühlten Nikoläuse damit glasieren. Mit einem Mini-Spritzbeutel (s. Seite 64) und weißer Glasur Bart und Details aufmalen.

raffiniert | gelingt leicht

Kuchen-Lollies

FÜR 8–10 STÜCK

- 125 g weiche Butter
- 125 g Zucker
- 1 Ei
- 250 g Mehl
- 100 g Puderzucker
- 1 TL Himbeersirup
- 1 TL Mangosirup
- buntes Zuckerkonfetti
- Mehl zum Arbeiten
- 8–10 Eisstiele (aus Holz)
- Frischhaltefolie
- Backpapier

Zubereitung: 40 Min.
Backzeit: 15 Min.
Bei 10 Stück pro Stück ca.: 286 kcal

1 | Butter, Zucker und Ei sehr schaumig schlagen. Das Mehl unterkneten. Den Teig auf bemehlter Arbeitsfläche noch einmal durchkneten, in Folie wickeln und 30 Min. im Kühlschrank ruhen lassen. Die Eisstiele zur Hälfte in kaltes Wasser stellen. Ein Backblech mit Backpapier auslegen.

2 | Backofen auf 180° (Umluft 160°) vorheizen. Den Teig 2 cm dick ausrollen, Kreise von 7–8 cm Ø ausstechen und auf das Backblech legen. Seitlich jeweils einen Eisstiel einstecken und die Lollies im Ofen (Mitte) 15 Min. backen.

3 | Den Puderzucker auf zwei Tassen verteilen, mit je einer Sorte Sirup anrühren und die ausgekühlten Lollies damit bemalen. Nach Belieben mit buntem Zuckerkonfetti bestreuen.

- Die Kuchen-Lollies sind luftdicht verpackt etwa 1–2 Wochen haltbar.

kinderleicht

Puppenkuchen

FÜR 24 STÜCK

- **100 g Beeren (z. B. Johannis-, Him- oder Heidelbeeren)**
- **50 g Butter | 2 Eier**
- **50 g Zucker**
- **75 g Crème fraîche**
- **1 TL Backpulver**
- **120 g Mehl**
- **24 Mini-Papierback-förmchen**
- **Puderzucker zum Bestauben**

Zubereitung: 35 Min.
Backzeit: ca. 15 Min.
Pro Stück ca.: 52 kcal

1 | Den Backofen auf 175° (Umluft 160°) vorheizen, Papierförmchen in das Mini-Muffinblech stellen. Die Beeren verlesen, waschen und trockentupfen.

2 | Aus Butter, Eiern und Zucker eine Schaummasse rühren, Crème fraîche unterziehen und das mit Backpulver vermischte Mehl unterheben.

3 | Die Masse in die Förmchen verteilen, Beeren in die Mitte geben, leicht andrücken und im Ofen (Mitte) in 15 Min. goldbraun backen. Herausnehmen und kurz abkühlen lassen. Die Puppenkuchen aus der Form lösen und auf einem Gitter erkalten lassen. Mit Puderzucker bestauben.

➤ Die Puppenkuchen lassen sich gut tiefkühlen. Vor dem Servieren 5 Min. bei 100° (Umluft 80°) aufbacken.

raffiniert | für Kicker

Fußball-Torte

FÜR 1 EISBOMBENFORM (Ø 22 CM)

- **2 Lagen dunkler Wiener Boden (Fertigprodukt)**
- **75 g Vollmilchschokolade**
- **375 g Sahne**
- **1 Beutel Gelatine-Fix**
- **500 g leichte Buttercreme (s. Seite 5)**
- **700 g Dekormasse (s. Seite 5)**
- **braune oder schwarze Lebensmittelfarbe (Pulver)**
- **Puderzucker zum Ausrollen**
- **Frischhaltefolie**

Zubereitung: 1 Std.
Kühlzeit: 3 Std.
Bei 12 Stück pro Portion ca.: 581 kcal

1 | Einen Wiener Boden bis zur Mitte einschneiden und in die mit Frischhaltefolie ausgelegte Eisbombenform drücken, überstehenden Kuchen abschneiden. Den anderen Wiener Boden auf Schüsseldurchmesser zuschneiden und die Kuchenreste würfeln.

2 | Schokolade fein reiben. Sahne steif schlagen, Gelatine-Fix und Schokolade unterrühren und zuletzt die Kuchenwürfel unterheben. Die Masse in die Eisbombenform geben, mit dem zweiten Boden abdecken, gut andrücken und 3 Std. im Kühlschrank fest werden lassen.

3 | Die Bombe stürzen, Folie entfernen, mit Buttercreme bestreichen und kühl stellen. Ein Drittel der Dekormasse schwarz einfärben. Beide Dekormassen auf Puderzucker jeweils 5 mm dünn ausrollen. 6 schwarze Fünfecke (je etwa 7 cm Ø) ausschneiden. Weiße Dekormasse über die Bombe legen, andrücken. Schwarze Ecken auflegen und die weiße Masse so mit dem Messer eindrücken, dass Sechsecke entstehen (siehe Bild links).

◄ *im Bild vorne:* **Fußball-Torte** *im Bild hinten:* **Puppenkuchen** für Groß und Klein

Geburtstagszug

FÜR 3 KASTENFORMEN (JE 1/2 L INHALT) UND 2 MINI-KASTENFORMEN (JE 1/4 L INHALT)

- 100 g Zartbitterschokolade
- 1/8 l Milch | 250 g Butter
- 250 g Zucker | 4 Eier
- 1 Päckchen Vanillezucker
- 250 g Mehl
- 100 g Speisestärke
- 50 g Kakao | 75 g Rosinen
- 1 Päckchen Backpulver
- 400 g Kakaoglasur
- 12 runde Butterkekse
- 2 Mini-Schokoküsse
- Watte
- 1 rote Fruchtgummischnur
- bunte Zuckerschrift
- 10 gefüllte Brausekissen
- Butter und Mehl für die Formen

Zubereitung: 50 Min.
Backzeit: ca. 40 Min.
Bei 18 Stück pro Portion ca.: 320 kcal

1 | Schokolade in der erhitzten Milch auflösen und abkühlen lassen. Backofen auf 175° (Umluft 160°) vorheizen. Formen mit Butter fetten, mit Mehl ausstreuen.

2 | Butter, Zucker, Eier und Vanillezucker schaumig rühren. Mehl, Speisestärke, Kakao, Rosinen und Backpulver mischen und mit der Schokoladenmilch unter die Schaummasse rühren.

3 | Den Teig in die Formen streichen und im Ofen (Mitte) 30 Min. (Mini-Formen) bzw. 40 Min. backen. Kuchen stürzen und auskühlen lassen.

4 | Die Kakaoglasur schmelzen. Auf den ersten Kastenkuchen mit Glasur einen Minikuchen als Führerhaus kleben. Den anderen Minikuchen längs halbieren und als Sockel unter die beiden anderen Kastenkuchen kleben. Alles mit Kakaoglasur überziehen.

5 | Die Butterkekse seitlich als Räder auf die Glasur kleben. Die Schokoküsse und Watte als Schlote anbringen. Fruchtgummischnur als Wagenkupplung in die Kuchen stecken.

6 | Mit brauner Zuckerschrift auf die Brausekissen Gesichter malen. Mit weißer Schrift Fenster aufmalen und die Gesichter als Reisende mit Zuckerschrift aufkleben. Mit Zuckerschrift auf die Dächer einen Glückwunsch schreiben.

1 **Lokomotive bauen**
Einen Minikuchen mit Kuvertüre auf einen Kastenkuchen kleben.

2 **Reisewagen bauen**
Je einen halben Minikuchen unter die zwei Kastenkuchen kleben.

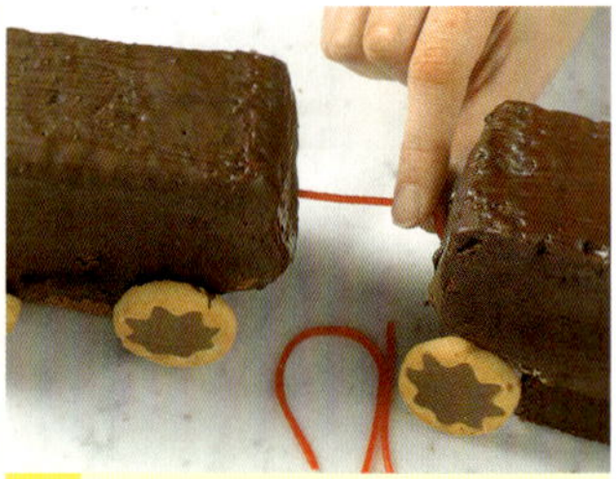

3 **Wagen verkuppeln**
Die Fruchtgummischnur halbieren und zwischen die Wagen stecken.

Happy
Birthday

Kuchen für Mußestunden

Lust auf Kuchen – aber mal auf was anderes, nämlich was gaaaanz Besonderes? Dann am besten gleich weiterblättern und aussuchen! Ob Klassiker auf neue Art, witziges Kleingebäck oder dekorative Motivtorte – hier toben passionierte Hobbybäcker ihre Leidenschaft voll aus und kreieren zeitlose und wirklich ausgefallene Kuchen und Tortenträume nach Maß – sehr zur Freude kleiner wie großer Genießer.

Cool backen

Schokosplit-Eistorte

FÜR 1 SPRINGFORM (24 CM Ø)

- **125 g Baiser (Fertigprodukt) | 175 g Zartbitterkuvertüre | 400 g Sahne 170 g bunte Schokolinsen | 1000 ml Vanilleeis | 175 g Canache (s. Seite 5) Backpapier**

1 | Baisers grob hacken. Kuvertüre schmelzen, mit Baiserstücken mischen und in die mit Backpapier ausgelegte Form drücken. Zwei Drittel der Sahne steif schlagen. Die Hälfte der Schokolinsen grob hacken. Eis antauen, mit den Knethaken weich rühren, Schokolinsenstückchen und Sahne unterheben. Die Masse auf den Baiserboden streichen und 3 Std. tiefgefrieren.

2 | Übrige Sahne steif schlagen. Eistorte mit Canachelinien, Sahnetupfen und den restlichen Schokolinsen verzieren.

Bärenboote

FÜR 8 SCHIFFFÖRMCHEN (9 CM LÄNGE)

- **100 g weiße Schokolade | 3–4 EL Sahne 125 g Zwieback | 8 Eiswaffelröllchen 1 EL Zartbitterkuvertüre | 8 dreieckige Eiswaffeln | 6 große Gummibärchen**

1 | Schokolade im Wasserbad schmelzen und mit der Sahne mischen. Zwieback zerbröseln und unterrühren. Die Masse in die Förmchen streichen, je 1 Waffelröllchen als Mast hineinstecken und gut festdrücken. Im Kühlschrank fest werden lassen.

2 | Die Boote aus der Form lösen. Die Kuvertüre schmelzen und den Bootsrumpf verzieren. Die dreieckigen Waffeln halbieren. Je zwei Waffelhälften als Segel mit Kuvertüre an die Waffelröllchen kleben. Trocknen lasssen und die Gummibärchenmatrosen in die Boote stellen.

fröhliches Eiersuchen!

Gefülltes Osterkörbchen

FÜR 1 GEFÜLLTEN KORB

- 500 g Mehl
  250 g Dinkelvollkornmehl
  1 1/2 Päckchen Trockenhefe
  120 g Zucker | 300 ml Milch
  100 g Butter | 2 Eier
  75 g Rosinen
  Eigelb zum Bestreichen
  100 g Puderzucker
  Lebensmittelfarben (flüssig) nach Belieben
  kleine Zuckerostereier
  6 Holzspießchen
  Backpapier

Zubereitung: 1 Std. 20 Min.
Backzeit: ca. 25 Min.
Bei 12 Stück pro Portion ca.: 397 kcal

1 | Mehlsorten, Hefe und Zucker mischen. Milch erwärmen, Butter zerlassen und beides mit Mehlmischung, Eiern und Rosinen zu einem festen Teig verkneten. Teig zugedeckt bis etwa zur doppelten Größe gehen lassen.

2 | Zwei Backbleche mit Backpapier belegen. Den Teig auf der Arbeitsfläche durchkneten, ein Drittel davon 2 cm dick ausrollen. Mit einem Ausstecher 8 Ostereier (7 cm hoch) sowie 6 Häschen (7 cm groß) ausstechen und auf ein Blech legen. Den Backofen auf 180° (Umluft) vorheizen.

3 | Den restlichen Hefeteig in drei Teile teilen. Jedes Teil zu einer 50 cm langen Rolle formen und aus den drei Rollen einen Zopf flechten. Den Zopf auf einem Blech zum Ring legen und die Enden aneinander drücken. Alle Teigstücke mit Ei bestreichen und gleichzeitig im Ofen 15 Min. (Eier, Häschen) bzw. 25 Min. (Zopf) backen.

4 | Den Puderzucker mit 2 TL Wasser anrühren und portionsweise nach Belieben einfärben. Die Glasur in einen kleinen Spritzbeutel füllen und die Eier und Häschen damit verzieren. Je 2 Eier an den Rückseiten mit Glasur zusammenkleben. Auf den Zopf Zuckerostereier kleben. Die Häschen mit Holzspießchen in den Zopf stecken und die Eier hineinlegen.

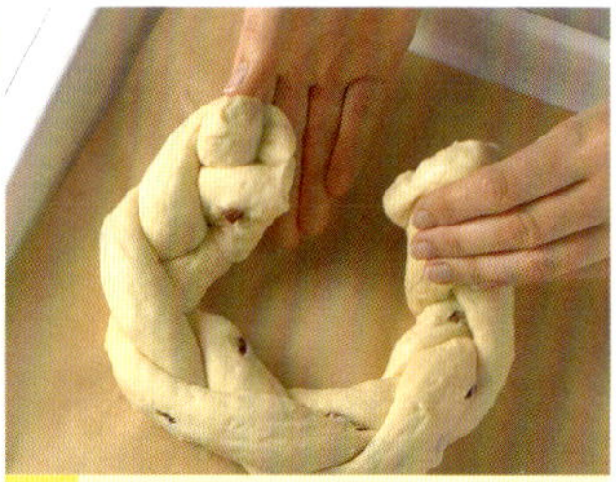

1 **Ring formen**
Den Zopf ringförmig auf das Blech legen, die Enden aneinander drücken.

2 **Zusammenkleben**
Je zwei verzierte Eier mit Puderzuckerguss aneinander kleben.

3 **Dekorieren**
Die Häschen mit Holzstäbchen in den Hefezopf stecken.

macht was her | reicht für viele

Ritterburg

FÜR 1 BURG

- 600 g Mehl
- 250 g Zucker
- 1 1/2 Päckchen Backpulver
- 4 Päckchen Vanillezucker
- 6 Eier
- 4 EL Öl
- 250 g Vanillejoghurt
- 400 g Zartbitterkuvertüre
- 200 g Himbeerkonfitüre
- 2 lange Holzspieße
- 120 g bunte Schokolinsen
- Fruchtgummi-Vampire
- Spielzeug-Ritter
- 2 Fahnen
- Backpapier

Zubereitung: 1 Std. 30 Min.
Backzeit: ca. 15 Min.
Bei 18 Stück pro Portion ca.: 488 kcal

1 | Den Backofen auf 180° (Umluft) vorheizen. Zwei Backbleche mit Backpapier belegen. Mehl, Zucker, Backpulver und Vanillezucker in einer Schüssel mischen. Eier, Öl und Joghurt unterrühren. Jeweils die Hälfte des Teigs auf ein Blech streichen und beide Bleche gemeinsam im Ofen (Mitte) bei Umluft 15 Min. backen.

2 | Die Kuvertüre schmelzen, die Konfitüre erwärmen. Von einer Kuchenplatte zwei je 5 cm breite Streifen für die Türme sowie eine Bodenplatte (15 x 20 cm) abschneiden. Die andere Kuchenplatte komplett in 3,5 cm breite Streifen schneiden.

3 | Die schmalen Streifen mit Konfitüre zu einer mindestens 10 cm hohen Mauer auf die Grundplatte kleben, dabei ein 4–5 cm breites Tor aussparen.

4 | Aus den breiten Kuchenstreifen Quadrate schneiden und mit Konfitüre auf zwei Mauerecken kleben (Türme). Zur Stabilisierung die Holzspieße in die Türme stecken.

5 | Die übrigen Kuchenstreifen halbieren und als Mauern aufkleben, auf die dann Kuchenwürfel als Zinnen kommen. Die Burg mit Kuvertüre bepinseln und mit Schokolinsen und Vampiren verzieren. Die Holzspieße entfernen, die Fahnen und Ritter platzieren.

1 **Mauern bauen**
Die Kuchenstreifen mit Konfitüre auf die Grundplatte kleben.

2 **Türme anlegen**
Auf zwei Ecken größere Kuchenquadrate kleben und Türme feststecken.

3 **Zinnen anfertigen**
Aus Kuchenstückchen auf Mauern und Türme Zinnen kleben.

saftig-orange

Möhrenmuffins

FÜR 12 STÜCK

➤ 100 g Möhren
3 Eier | 80 g weiche Butter
150 g brauner Zucker
100 g gemahlene Haselnüsse | 200 g Mehl
1 TL Backpulver
75 ml Möhrensaft
75 ml Orangensaft
100 g Marzipanrohmasse
gelbe, rote und grüne Lebensmittelfarbe (flüssig)
Papier-Muffinförmchen

◷ Zubereitung: 1 Std. 10 Min.
◷ Backzeit: 20 Min.
➤ Pro Stück ca.: 271 kcal

1 | Backofen auf 200° (Umluft 180°) vorheizen. Papierförmchen in die Vertiefungen des Muffinblechs stellen. Möhren schälen und fein raspeln.

2 | Eier, Butter und Zucker schaumig rühren. Möhren und Nüsse unterheben. Mehl mit Backpulver mischen und mit den Säften unterrühren. Den Teig in die Förmchen füllen und im Ofen (Mitte) 20 Min. backen.

3 | Die Marzipanmasse dritteln, je zwei Teile mit gelber und roter Farbe orange, den dritten Teil grün färben. Aus der grünen Masse 36 dünne Röllchen (2 mm Ø, je 2 cm lang) formen.

4 | Das orangerote Marzipan in 12 Stücke teilen und jeweils zu Röllchen formen, die an einem Ende spitz zulaufen. Mit einem Messer die Oberfläche mehrfach einkerben.

5 | Je 3 grüne Röllchen auf einer Karotte festdrücken und diese auf die Muffins legen.

Süßes hat Vorfahrt

Verkehrsschule

FÜR 6 STÜCK

➤ 250 g Mehl | 60 g Zucker
1 Päckchen Vanillezucker
1 Eigelb | 125 g Butter
100 g Himbeeren
100 g Mangofruchtfleisch
Zucker zum Abschmecken
200 g Frischkäse (ersatzweise Crème fraîche)
1/2 Beutel Gelatine-Fix
1 EL Pflaumenmus
Backpapier | Frischhaltefolie | Alufolie

◷ Zubereitung: 1 Std. 20 Min.
◷ Backzeit: 20 Min.
➤ Pro Stück ca.: 512 kcal

1 | Aus Mehl, Zucker, Vanillezucker, Eigelb und Butter in Stücken einen Mürbeteig kneten. In Folie gewickelt 30 Min. kalt stellen.

2 | Backofen auf 200° (Umluft 180°) vorheizen. Backblech mit Backpapier auslegen. Teig 1–2 cm dick ausrollen, drei Kreise (8 cm Ø) und drei Quadrate (8 cm) ausstechen, auf das Blech legen. Im Ofen (Mitte) 15–20 Min. backen.

3 | Himbeeren und Mango separat pürieren, das Himbeerpüree durch ein Sieb streichen. Beide Pürees mit Zucker abschmecken.

4 | Kreise und Quadrate mit Frischkäse bestreichen, die Ränder dabei glatt streichen. In die Pürees jeweils die Hälfte Gelatine-Fix einrühren. Das Himbeerpüree auf den Stoppschildern verteilen, das Mangopüree als Quadrat ins Vorfahrtschild setzen. Zuletzt das Pflaumenmus mit einem kleinen Spritzbeutel aufspritzen.

im Bild links: **Verkehrsschule** *im Bild rechts:* **Möhrenmuffins** ➤

Klassiker | macht was her

Mini-Hexenhaus

FÜR 1 HEXENHAUS

- **1 Ei | 225 g Zucker**
- **300 g flüssiger Honig**
- **2 TL Lebkuchengewürz**
- **8 g Hirschhornsalz**
- **300 g Roggenmehl (Type 997)**
- **350 g Mehl (Type 550)**
- **2 gestr. TL Natron**
- **100 g Puderzucker**
- **1 Eiweiß | 1 TL Zitronensaft**
- **bunte Zuckerperlen und Zuckerblüten**
- **bunte Zuckerschrift**
- **Mehl zum Arbeiten**
- **Backpapier | Holzspießchen**

Zubereitung: 1 Std. 30 Min.
Backzeit: 20 Min.
Bei 18 Stück pro Portion ca.: 248 kcal

1 | Ei, Zucker, Honig und Lebkuchengewürz schaumig schlagen. Hirschhornsalz in 50 ml heißem Wasser auflösen.

2 | Mehlsorten und Natron mischen, auf die Arbeitsfläche sieben, eine Mulde eindrücken und das Hirschhornsalz mit der Schaummasse hineingeben. Alles zu einem geschmeidigen Teig verkneten.

3 | Backofen auf 200° (Umluft 180°) vorheizen. Zwei Backbleche mit Backpapier auslegen. Den Teig auf der bemehlten Arbeitsfläche 1 cm dick ausrollen. Eine Bodenplatte (20 x 22 cm), zwei Dachplatten (10 x 19 cm) sowie zwei dreieckige Wände (15 cm breit, 16 cm hoch) ausschneiden. Vier Tannenbäume sowie kleine Blüten, Sterne und Herzen austechen.

4 | Alle Teile auf die Bleche legen und im Ofen (Mitte) zusammen bei Umluft oder nacheinander bei Ober-/Unterhitze je 15 Min. backen. Herausnehmen, auskühlen lassen und, falls nötig, die Ränder glatt schneiden.

5 | Puderzucker sieben und mit Eiweiß und Zitronensaft verrühren. Aus einer dreieckigen Wand Fenster und Türe ausschneiden. Zwei Tannenbäume längs halbieren und die Hälften seitlich auf die ganzen Bäume kleben.

6 | Die Dachplatten mit Puderzuckerguss auf die Wände kleben und das Bauwerk bis zum Trocknen mit Holzspießchen stabilisieren. Das Häuschen und die Bäume mit Puderzuckerguss auf die Bodenplatte kleben.

7 | Die Blüten, Sterne und Herzen auf das Häuschen kleben und dieses mit dem übrigen Guss und Zuckerschrift verzieren. Dabei nach Belieben Zuckerperlen und -blüten aufkleben. Das Häuschen mindestens 6 Stunden trocknen lassen.

TIPPS

DIE VORBEREITUNG MACHT'S

- Für das Häuschen vorher Papierschablonen anfertigen, dann geht das Ausschneiden des Teigs schneller.
- Sie können die Hausteile auch gut 1–2 Tage vor dem Verzieren backen. Packen Sie die Teile nicht ganz luftdicht ein, sonst werden sie weich.

täuschend echt

Früchte-Burger

FÜR 6 STÜCK

- 200 g Sahne
- 75 g Vollmilchschokolade
- 125 g weiche Butter
- 80 g Zucker
- 1 Päckchen Vanillezucker
- 2 Eier | 275 g Mehl
- 1/2 Päckchen Backpulver
- 3 TL Zucker | 1 TL Zimt
- 6 Erdbeeren | 2 Kiwis
- Haferflocken für das Blech

Zubereitung: 1 Std. 10 Min.
Backzeit: 20 Min.
Pro Stück ca.: 595 kcal

1 | Sahne erhitzen, Schokolade hacken und in der Sahne schmelzen. 12 Std. kalt stellen.

2 | Backofen auf 175° (Umluft 160°) vorheizen. Butter, Zucker, Vanillezucker, Eier, Mehl, Backpulver zu festem Rührteig verarbeiten (s. Seite 4). Backblech mit Haferflocken bestreuen. Zucker und Zimt mischen. Mit feuchten Händen sechs Teigkugeln formen, auf das Blech setzen, mit Zimtzucker bestreuen und im Ofen (Mitte) 20 Min. backen.

3 | Erdbeeren waschen und putzen, Kiwis schälen und alles in Scheiben schneiden. Schokosahne steif schlagen. Die ausgekühlten Brötchen durchschneiden, mit Sahne bestreichen, mit Früchten belegen, mit Sahne bedecken und den Deckel auflegen.

für »Wissenshungrige«

Maus-Torte

FÜR 1 MAUS (35 CM HÖHE)

- 6 Eier
- 175 g Möhren
- 150 g Zucker
- Mark von 1 Vanillestange
- 1 Msp. Zimtpulver
- 150 g Mehl
- 1 TL Backpulver
- 1 Rezept leichte Schokobuttercreme (s. Seite 5)
- 500 g Dekormasse (s. Seite 5)
- orange und braune Lebensmittelfarbe (flüssig)
- schwarze Zuckerschrift
- Backpapier

Zubereitung: 1 Std. 20 Min.
Backzeit: 15 Min.
Bei 18 Stück pro Portion ca.: 308 kcal

1 | Backofen auf 200° vorheizen. Ein tiefes Backblech mit Backpapier belegen, zwei Drittel der Blechbreite mit einem Backrahmen (ersatzweise Alufolie) begrenzen. Eier trennen, Eiweiße zu Schnee schlagen. Möhren schälen und raspeln.

2 | Eigelbe, Zucker, Vanillemark und Zimt schaumig rühren und ein Drittel des Eischnees unterheben. Mehl und Backpulver mischen, mit den Möhren unter den Teig heben. Den übrigen Eischnee unterziehen. Teig auf das Blech streichen und im Ofen (Mitte, Umluft 185°) 15 Min. backen.

3 | Nach der kopierten und vergrößerten Schablone von Seite 61 eine Maus aus dem ausgekühlten Kuchen schneiden, quer durchschneiden, mit Buttercreme füllen und überziehen. 1 Std. kühl stellen.

4 | Dekormasse 4–5 mm dünn ausrollen, auf die Maus legen und an die Seiten drücken. Jede Lebensmittelfarbe mit etwas Wasser verdünnen und die Maus anmalen. Trocknen lassen und mit Zuckerschrift die Details aufmalen.

Handbuch für Zauberlehrlinge

macht was her | gut vorzubereiten

Torte für Zauberlehrlinge

FÜR 1 TORTE

- 6 Eier | 175 g Zucker
- 175 g Buchweizenmehl
- 75 g Mehl
- 50 ml Apfelsaft
- 200 g Johannisbeergelee
- 500 g leichte Buttercreme (s. Seite 5)
- 500 g Dekormasse (s. Seite 5)
- braune Lebensmittelfarbe (flüssig)
- 50 g Zartbitterkuvertüre
- Speisefarben-Kristallpulver in Gold
- 1 Deko-Brille
- Backpapier

Zubereitung: 1 Std. 40 Min.
Backzeit: 20 Min.
Bei 16 Stück pro Portion ca.: 442 kcal

1 | Backofen auf 175° (Umluft 160°) vorheizen. Backblech mit Backpapier auslegen. Eier mit Zucker schaumig schlagen. Die Mehlsorten mischen und unter die Schaummasse heben. Den Teig auf das Blech streichen und im Ofen (Mitte) 15 Min. backen.

2 | Den ausgekühlten Kuchen halbieren, die Ränder begradigen und die Platten quer durchschneiden. Die vier Böden mit Saft tränken. Drei Böden mit Johannisbeergelee bestreichen und alle vier Böden aufeinander schichten. Den Kuchen mit Buttercreme überziehen, dabei die Wölbung für den Buchrücken herausarbeiten.

3 | Die Hälfte der Dekormasse braun einfärben. Die weiße Masse 5 mm dünn ausrollen und ein Buchetikett sowie einen langen schmalen Streifen ausschneiden. Den Streifen um die drei sichtbaren Seiten des Buchblocks legen.

4 | Die braune Dekormasse 5 mm dünn ausrollen, den Buchdeckel und Buchrücken damit überziehen. Den unteren Buchdeckel durch Anlegen schmaler brauner Streifen andeuten. Das Etikett auflegen. Die Kuvertüre schmelzen, in ein Papiertütchen füllen (s. Seite 65) und den Titel auf das Etikett malen. Mit Goldpulver und Brille dekorieren.

1 **Buchform betonen**
Die Torte mit Buttercreme überziehen und die Buchform nacharbeiten.

2 **Buchdeckel formen**
Den Buchdeckel aus brauner Dekormasse auflegen.

3 **Buchtitel gestalten**
Das Etikett beschriften und die Ecken mit Goldpuder bestäuben.

saftig | macht was her

Karusselltorte

FÜR 1 SPRINGFORM (24 CM Ø)

- **120 g Butter | 90 g Zucker**
- **100 g Marzipanrohmasse**
- **4 Eier**
- **80 g Mehl**
- **60 g Speisestärke**
- **100 g Aprikosenkonfitüre**
- **150 g Kakaoglasur**
- **12 bunte Kugelbonbons**
- **1 Karlsbader Oblate**
- **4 saure Bänder**
- **7 bunte Zuckerstangen**
- **6–10 kleine Spielzeuge (z. B. Auto, Tiere, Schiff)**
- **12 große Gummibärchen**
- **Backpapier**

Zubereitung: 1 Std. 30 Min.
Backzeit: 25 Min.
Bei 16 Stück pro Portion ca.: 276 kcal

1 | Backofen auf 175° (Umluft 160°) vorheizen. Die Springform mit Backpapier auslegen. Die Butter zerlassen. Zucker mit Marzipan verkneten und die Butter unterrühren. Die Eier trennen, die Eiweiße steif schlagen, die Eigelbe nacheinander unter die Marzipanmasse arbeiten. Ein Drittel des Eischnees unterheben, Mehl und Speisestärke unterziehen, dann den restlichen Eischnee unterheben. Die Masse in die Form streichen und im Ofen (Mitte) 25 Min. backen. Den Kuchen aus der Form lösen und vollständig auskühlen lassen.

2 | Aprikosenkonfitüre erhitzen und den Kuchen damit einpinseln. Die Kakaoglasur schmelzen und die Bonbons damit auf die Oblate kleben. Den Kuchen auf der Oberseite mit Kakaoglasur überziehen. Die sauren Bänder um den Rand legen und festdrücken. Trocknen lassen.

3 | Die Zuckerstangen in den Kuchen stecken, die Oblate als Dach darauf legen, die Spielzeuge in das Karussell stellen und die Gummibärchen darauf oder daneben platzieren.

TIPP
Wenn es schneller gehen muss, nehmen Sie 3 Lagen hellen oder dunklen Wiener Boden (Fertigprodukt), tränken jede Lage mit 3 EL Apfelsaft und »kleben« die Böden jeweils mit erhitzter Johannisbeerkonfitüre aufeinander. Mit Konfitüre einpinseln, mit Kakaoglasur überziehen und dekorieren wie beschrieben.

1 **Karusselldach**
Bonbons mit Kakaoglasur auf die Oblate kleben.

2 **Karussellboden**
Den Kuchen auf der Oberseite mit Kakaoglasur überziehen.

3 **Karussellrand**
Die sauren Bänder um den Kuchen legen und gut festdrücken.

wie im Märchen

Prinzessinnen-Traumtorte

FÜR 1 SPRINGFORM (24 CM Ø)

- **75 g Mandeln**
  100 g Vollmilchschokolade
  2 EL Sahne
  100 g Cornflakes
  8 Blatt weiße Gelatine
  250 g Himbeeren
  500 g Joghurt
  100 g Zucker
  600 g Sahne
  6 Eiswaffeltüten
  100 g Puderzucker
  silbrige Zuckerperlen
  Backpapier

Zubereitung: 1 Std. 45 Min.
Kühlzeit: 3 Std.
Bei 20 Stück pro Portion ca.: 223 kcal

1 | Die Springform mit Backpapier auslegen. Mandeln hacken und rösten. Schokolade schmelzen, Sahne, Cornflakes und Mandeln untermischen und die Masse in die Form streichen. 1 Std. kühl stellen.

2 | Die Gelatine in kaltem Wasser einweichen. Himbeeren waschen, pürieren und 1 EL davon beiseite stellen. Den Rest mit Joghurt und Zucker verrühren. Zwei Drittel der Sahne steif schlagen. Gelatine in wenig heißem Wasser auflösen und unter die Joghurtmasse rühren. Die Sahne unterheben und drei Viertel der Creme auf den Cornflakesboden streichen. Die Form 30 Min. kühl stellen.

3 | Auf die Torte einen Tortenring (18 cm Ø) stellen, die restliche Creme behutsam einfüllen, glatt streichen und 3 Std. kühl stellen.

4 | Aus den Eiswaffeltüten 6 große und 6 kleine Krönchen anfertigen: Die Spitzen abschneiden, die Tüten halbieren und Zacken hineinschneiden. Das übrige Himbeerpüree durch ein Sieb streichen und mit dem Puderzucker verrühren. Die Krönchen mit der Glasur einpinseln und Silberperlen auflegen.

5 | Tortenring entfernen. Die übrige Sahne steif schlagen, die Torte damit verzieren und mit den Krönchen dekorieren.

1 **Torte aufstocken**

Tortenring auflegen und restliche Sahnecreme behutsam einfüllen.

2 **Krönchen schnitzen**

Die Spitzen kappen, die Waffeln halbieren und Zacken einschneiden.

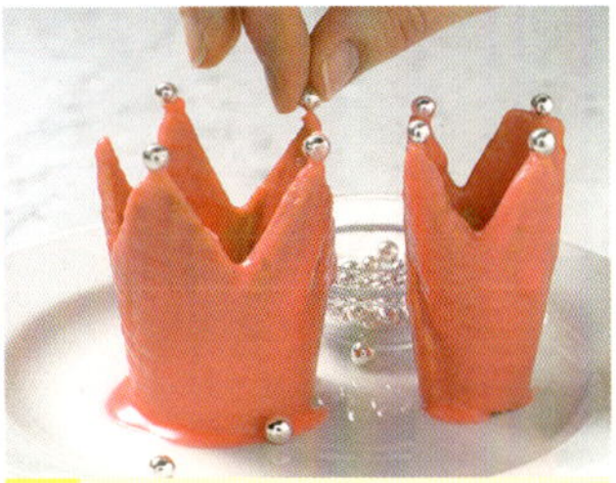

3 **Perlen aufkleben**

Auf den fast trockenen rosa Zuckerguss die Zuckerperlen aufkleben.

Zum Gebrauch
Damit Sie Rezepte mit ganz bestimmten Zutaten noch schneller finden können, stehen in diesem Register zusätzlich auch beliebte Zutaten wie **Obst** oder **Schokolade** – ebenfalls alphabetisch geordnet und **halbfett** gedruckt – über den entsprechenden Rezepten.

HINWEIS

Schnelle Schablonen: Kopieren Sie die Nikolaus- oder Mausvorlage und vergrößern Sie sie dabei gleich auf die gewünschte Größe: Nikolaus 175 % (A4), Maus 200 % (A3). Dann die Schablone ausschneiden, auf den Teig legen und die Figur mit einem spitzen Messer entlang der Vorlage ausschneiden.

Unsere Garantie

Alle Informationen in diesem Ratgeber sind sorgfältig und gewissenhaft geprüft. Sollte dennoch einmal ein Fehler enthalten sein, schicken Sie uns das Buch mit dem entsprechenden Hinweis an unseren Leserservice zurück. Wir tauschen Ihnen den GU-Ratgeber gegen einen anderen zum gleichen oder ähnlichen Thema um.

Liebe Leserin und lieber Leser,

wir freuen uns, dass Sie sich für ein GU-Buch entschieden haben. Mit Ihrem Kauf setzen Sie auf die Qualität, Kompetenz und Aktualität unserer Ratgeber. Dafür sagen wir Danke! Wir wollen als führender Ratgeberverlag noch besser werden. Daher ist uns Ihre Meinung wichtig. Bitte senden Sie uns Ihre Anregungen, Ihre Kritik oder Ihr Lob zu unseren Büchern. Haben Sie Fragen oder benötigen Sie weiteren Rat zum Thema? Wir freuen uns auf Ihre Nachricht!

Wir sind für Sie da!
Montag – Donnerstag: 8.00 – 18.00 Uhr;
Freitag: 8.00 – 16.00 Uhr
Tel.: 0180-5005054*
Fax: 0180-5012054*
E-Mail:
leserservice@graefe-und-unzer.de

*(0,14 €/Min. aus dem dt. Festnetz/ Mobilfunkpreise können abweichen.)

P.S.: Wollen Sie noch mehr Aktuelles von GU wissen, dann abonnieren Sie doch unseren kostenlosen GU-Online-Newsletter und/oder unsere kostenlosen Kundenmagazine.

GRÄFE UND UNZER VERLAG
Leserservice
Postfach 86 03 13
81630 München

Programmleitung:
Doris Birk
Leitende Redakteurin:
Birgit Rademacker
Redaktion: Monika Greiner
Lektorat: Redaktionsbüro Christina Kempe, München
Satz: Dorothee Griesbeck, Die Buchmacher, München
Layout, Typografie und Umschlaggestaltung:
Independent Medien Design, München
Herstellung: Martina Müller
Reproduktion: Repro Ludwig, Zell am See
Druck und Bindung: Firmengruppe APPL, Wemding

ISBN 978-3-8338-0071-9

2. Auflage 2008

GRÄFE UND UNZER

Ein Unternehmen der
GANSKE VERLAGSGRUPPE

Die Autorin

Bärbel Schermer hat schon als Kind ihre Liebe zum Backen entdeckt. Seither kultiviert sie ihre Leidenschaft auch beruflich: Eine Ausbildung zur Hauswirtschafterin und ein Oecotrophologie-Studium sind die optimale Basis für ihre Tätigkeit als freie Food-Journalistin. Für die Kuchenparade hat sie sich in die Herzen vieler Naschkatzen gebacken: Ihr Dank gilt Josef und Magdalena, Gisela mit Familie, Familie Zenker, Julia & Co., Monika Greiner, Tina sowie Armin und Kollegen, die als kritische Testesser Ausdauer bewiesen haben!

Der Fotograf

Michael Brauner arbeitete nach Abschluss der Fotoschule in Berlin als Fotoassistent bei namhaften Fotografen in Frankreich und Deutschland, er machte sich 1984 selbstständig. Sein individueller, atmosphärereicher Stil wird überall geschätzt: in der Werbung ebenso wie bei vielen bekannten Verlagen. In seinem Studio in Karlsruhe setzt er die Rezepte zahlreicher GU-Titel stimmungsvoll ins Bild.

Titelbildrezept

Das auf dem Titel abgebildete Rezept »Geburtstagszug« finden Sie auf Seite 40.

Ein Dankeschön ...

... geht an die Firma Bahlsen für die Bereitstellung der ABC-Kekse auf den Seiten 1, 7, 23, 64.

Kochlust pur

Die neuen KüchenRatgeber – da steckt mehr drin

ISBN 978-3-8338-0301-7
64 Seiten

ISBN 978-3-8338-0309-3
64 Seiten

ISBN 978-3-8338-0312-3
64 Seiten

Preis je Band: 7,50 €

ISBN 978-3-8338-0313-0
64 Seiten

ISBN 978-3-8338-0318-5
64 Seiten

ISBN 978-3-8338-0316-1
64 Seiten

Das macht sie so besonders:

Neue mmmh-Rezepte – unsere beste Auswahl für Sie

Praktische Klappen – alle Infos auf einen Blick

Die 10 GU-Erfolgstipps – so gelingt es garantiert

GU

Willkommen im Leben.

MINI-SPRITZBEUTEL

- Mit ca. 10 cm großen Mini-Spritztüten (gibt's im Haushaltswarengeschäft und beim Spezialversand) gelingen selbst feinste Dekorlinien perfekt. Sparsame Backprofis drehen sich eine Spitztüte mit Miniöffnung aus Pergament- oder Backpapier (ca. 10 x 14 cm). Nicht-Bastler schneiden von einem Mini-Gefrierbeutel eine winzige Ecke ab.

Geling-Garantie für Backhits für Kids

PERFEKTE TEIGE

- Optimal gelingen Teige, wenn Sie die Flüssigkeiten nur nach und nach zugeben.
- Wenn nicht anders angegeben, immer Eier der Größe M verwenden.
- Hefe- und Quark-Öl-Teig sollten nicht mehr an den Händen kleben, Rührteig sollte nicht zu schwer vom Löffel reißen.

FRISCH AUFGEHEN

- Hefe und Eier sollten möglichst frisch sein. Frische Eier gehen in Wasser unter, alte Eier schwimmen oben. Frische Hefe riecht angenehm, auf keinen Fall säuerlich.
- Backpulver und Natron stets trocken lagern, Feuchtigkeit reduziert ihre treibende Wirkung.

DER PERFEKTE SCHNITT

- Tortenböden sind am leichtesten zum Füllen durchzuschneiden, wenn sie nicht ganz ofenfrisch sind: Lassen Sie Tortenböden nach dem Auskühlen noch mindestens 4 Stunden (besser aber über Nacht) ruhen, bevor Sie ein langes und sehr scharfes Messer ansetzen